AF296096

FRANCE
ET ALGERIE,

PAR

Carlos de BOUVILLE.

PITHIVIERS (Loiret).

CHENU, Imprimeur-Éditeur, rue de la Ribellerie, 23.

—

1850.

Pithiviers, Imprimerie de Chenu.

FRANCE ET ALGÉRIE,

COLONISATION.

CHAPITRE PREMIER.

Colonisation.

SOMMAIRE.

Aggravation des charges.—Diminution de la population coloniale.—Son caractère flottant. — Colons Parisiens. —Retour d'une partie de ces colons. — Oubli de l'élément indigène.—Caractère nomade de celui-ci.— Les pasteurs. — Incendies des forêts.—Caractère de la propriété chez les Arabes. — Encouragements et primes à donner aux Arabes. — Utilisation des forêts de l'État.—Indépendance de la famille. —Abaissement possible du chiffre de notre effectif. — Effectif de l'Odjack en 1830. — Effets probables des primes pour l'augmentation du nombre des Européens.—Les jardiniers venus des îles Baléares.—Les porte-faix venus de Malte. —Discrédit de la colonie chez nos méridionaux.—Cessation indispensable des transports gratuits.—Liberté d'entrée à accorder aux provenances algériennes.

Depuis dix neuf ans la France dépense annuellement cent millions pour l'Algérie. Dans un an, nous y aurons accumulé deux milliards. Pour la représentation de ces sacrifices, nous avions 120,000 Européens dont moitié français, au moment où monseigneur le duc d'Aumale y commandait. L'année dernière, on a envoyé quatorze mille Parisiens, et le chiffre total n'est plus que de 117,000.

Cette population n'est donc que flottante. Elle ne s'établit pas. Elle se borne à fonder de petites boutiques et des maisons de prostitution qui se ferment aussitôt que les profits baissent. Le nombre des colons français, malgré la faveur du transport gratuit, y dépasse à peine celui des colons étrangers qui y viennent avec leurs ressources.

Les Arabes ne nous considèrent que comme campés, comme étaient les Turcs, lesquels, s'ils n'ont rien créé, avaient au moins assez de savoir-faire pour ne rien demander à la Sublime Porte. Ils respectent notre armée qu'ils ont appris à apprécier. Quant à notre supériorité comme fondateurs, qu'est-ce donc qui pourrait leur faire illusion. . . . . aussi bien qu'à nous mêmes ?

Il est vrai que l'Assemblée Constituante est entrée dans une voie toute nouvelle. Elle a envoyé 14000 Parisiens très-exercés. . . . . au fait des barricades, et on a dit à chacun : Je te fais agriculteur, comme en Russie, on dit à un jeune soldat des contrées les plus méditerranées : Je te fais matelot !

Sur les 14000 colons dont le transport a coûté 14 millions, 2000 ont déjà reparu sur les boulevards de Paris ; sur les 12000 restant, quelques-uns travaillent ; beaucoup s'occupent de chasse et de pêche, en attendant qu'ils tirent aussi une traite sur le budget pour les frais de retour. Mais quant à l'élément indigène, tout posé, tout acclimaté, et pourvu de bétail, quel parti en a-t-on tiré, quel progrès lui a-t-on fait faire ? . . . . Aucun ! !

L'Arabe qui erre sous le soleil avec son bétail, et qui par conséquent ne réserve pas d'engrais pour régénérer la puissance du sol, s'approprie une étendue de terrains 15 ou 20 fois plus grande que la proportion de sa culture, et chaque année la tribu ou le douar se déplace dans une certaine circonscription pour revenir au bout de 15 où 20 ans sur le terrain reposé qu'il a déjà labouré.

Si on lui avait enseigné à faire mieux, chaque tribu se fixant sur un terrain, et cultivant comme en Europe, pourrait laisser à la disposition de l'État un immense excédant, quand bien même l'exemple produirait le doublement de la population par la survenance probable de Tunisiens et de Marocains.

Le pasteur qui a besoin d'une grande surface découverte, pour la facilité de la surveillance, incendie les forêts de l'État qui peuvent faire obstacle à son parcours. C'est en outre un moyen d'en éloigner les bêtes fauves, et une ressource agricole pour féconder le sol par la cendre.

Pourquoi supposerait-il donc que l'État attache un grand prix à ces richesses dont on ne tire aucun parti, pas plus que ne faisaient les Turcs?..... Et pourquoi respecterait-il cette propriété, lui que le Coran réduit, en fait de propriété, à un simple usage purement superficiel presque toujours révocable à la volonté du chef de la puissance publique? (a) Qu'a obtenu l'État des mesures qu'il a cru devoir prendre, par la solidarité des tribus, contre ces dévastations journalières?..... Rien, ou à peu près rien. Qu'on continue à suivre encore pendant vingt ans le même système (si toutefois cela peut s'appeler un système) nous aurons enfoui 2 milliards de plus : en tout, le capital d'un revenu de 200 millions (en supposant que l'état de la France nous le permette). Nous aurons fondé quelques petits théâtres en planches, quelques salles de danse de plus, et nous nous serons placés dans l'estime de l'Afrique, bien au-dessous des Turcs, ... au niveau des Espagnols. . . . . et l'Angleterre aura cessé d'être jalouse de notre conquête. . . . . et l'Afrique pourra dire encore, comme au temps de Pierre

---

(a) D'après les principes musulmans, le sol appartient à Dieu, et par conséquent est à la disposition du chef qui représente sur la terre la puissance de Dieu. Abd-el-Kader usait fréquemment et sans beaucoup de façon du droit de déplacer des tribus dont il était mécontent, et de les envoyer à de très grandes distances.

de Navarre et du cardinal Ximenès : Ce n'a été qu'une grande *Espagnolade!!!*

Veut-on enfin semer autre chose que les trésors de la France? Il n'y a qu'un moyen, suffisamment indiqué par l'inefficacité et la nature des efforts déjà tentés : c'est de tenir compte de l'élément local auquel on n'a pas encore pensé jusqu'à présent, c'est de coloniser par les indigènes qu'on a aucune raison de condamner à une impuissance éternelle, car il n'y a d'impuissant en Afrique. . . . . . que le vainqueur.

Qu'on essaie donc d'exciter les Arabes au perfectionnement par des primes et par la propagation de bonnes notions de petite culture rassemblées dans un manuel abrégé à l'usage du petit propriétaire. Qu'on répande en même temps un modèle d'habitation complet pour une exploitation de 2 hectares. L'État fera exploiter ses forêts et débiter ses bois en charpentes sur les mesures du modèle unique, à l'aide de scieries à établir dans le voisinage des forêts. Alors la résolution suivante pourra être publiée :

Toute famille Arabe ou Kabyle qui, dans le terme de un an ou quinze mois, aura construit une habitation conforme au modèle, enclos de cactus une contenance de 2 hectares, après avoir complètement préparé à la charrue Belge et planté cette superficie d'après les prescriptions du manuel, et après avoir acheté ses fournitures de bois de construction aux chantiers de l'État, ainsi que ses jeunes arbres aux pépinières du gouvernement, recevra une prime de ****

Cette prime qui devra être très-forte pour remporter la première victoire sur la puissance des traditions et de l'habitude, décroîtra d'année en année, lorsque l'impulsion se transmettra, lorsque la révolution se consommera.

Alors quand l'Algérie en sera là, la France comprendra que de bons colons Arabes valent mieux que de mauvais colons Français.

Alors tous les Abd-el-Kader, tous les Bou-Maza, vrais ou faux, ne seront plus..... qu'une chimère, quand bien même ils auraient fait dix fois le pélerinage de la Mecque ! Mais enfin, pour avoir une donnée sur les rémunérations auxquelles le trésor pourrait être entraîné, supposons que la première rémunération soit fixée à cinq mille francs, ce qui ne serait pas exagéré. Mais maintenant, exagérons jusqu'à cinq mille le nombre des familles à rémunérer pour la première fois : Eh bien ! il ne s'agirait encore que d'une somme de vingt-cinq millions dont les deux tiers à peu près auraient été par avance déposés aux mains de l'État, par les indigènes eux-mêmes, pour le prix des bois de construction et des plants.

Il résulte de cette combinaison que l'État trouvera l'utilisation de ses richesses forestières ; il ne dépensera plus que pour des résultats réalisés et constatés, après en avoir perçu le gage. Elle aurait encore pour conséquence: la transformation complète de l'Arabe errant et ravageur en citoyen dépendant du sol dans lequel il se serait implanté, lui et sa famille ; . . . . sol et emplacement déterminés par la convenance de l'Autorité.

Par conséquent, on arriverait à la destruction de la tribu, à la constitution de la famille indépendante et à la cessation des mœurs turbulentes et aggressives qui depuis long-temps condamnent notre possession à n'être qu'un leurre ! !

Si nous avons des primes à donner, nous aurons au moins en échange la paix et le commerce assurés. Notre armée pourra rapidement descendre du chiffre de 100,000 hommes à celui de 20,000. L'odjack, (a) d'Alger, ne se composait que de 5092 Turcs en 1830, puisque les Koulouglis (b) n'en ont jamais fait partie; et les Turcs étaient respectés ! Que n'obtiendrions nous donc pas, nous, si, à défaut de la ressource de la terreur, nous savions nous rendre recommandables par des bienfaits ?

Les primes offertes et distribuées à de telles conditions ne seraient donc pas une dépense, mais un placement fructueux d'une partie de la valeur des forêts.

Les Arabes étant peu constructeurs, et encore moins industriels, les constructions attireraient une masse considérable d'Européens de toutes provenances, dont la diversité d'origine condamne comme superflue la sollicitude du gouvernement sur la question de prédominance de l'élément français, qui ne prédomine quant à présent que par ses qualités négatives, que par son impropriété ! De quel pays sont sortis ces jardiniers qui cultivent les terrains d'*El-Hamma* au prix presque fabuleux de quatorze et quinze cents francs de loyer annuel par hectare, payés d'avance ?

Ils sont des îles Maïorque et Minorque; ils se sont expatriés à leurs frais, et ils avaient la volonté de travailler.

A quel autre pays appartiennent ces porte-faix si laborieux et si économes, qui, à la fondation de Philippeville, savaient gagner jusqu'à 30 francs par jour ?..... à l'île de Malte qu'ils ont quittée également à leurs frais.

Quant aux saltimbanques et aux cabaretiers, point n'est besoin de demander quelle est leur patrie. Voilà

______

(a) L'Odjack était la milice des Janissaires.

(b) Les Koulouglis sont en Afrique une race bâtarde provenant des rapports des Turcs avec les femmes Mauresques. Ils étaient repoussés également par les deux races.

pourquoi la colonie est discréditée dans l'opinion de notre bonne population méridionale, témoin et juge de l'espèce d'émigration que provoque la gratuité du transport.

L'État doit donc tirer profit de ses paquebots ; et l'Algérie obtenant pour son commerce l'ouverture libre du marché français deviendrait susceptible d'exciter un vif intérêt , alors surtout que le français comprendra qu'on peut coloniser sans lui.

Cette concession douanière vivement réclamée devient indispensable puisque l'exclusion paralyse le développement de la culture et de l'industrie Algérienne ; et il est facile d'apprécier l'injustice de ce procédé de la métropole, par la supposition suivante : Si la Belgique ou la Savoie demandait à être annexée à la France, maintiendrait – on contre elle une ligne de douanes après l'annexion ? Evidemment non ! . . . . . ou bien elle reclamerait sur le champ la séparation. Par la même raison, l'Algérie ne pourra pas se croire définitivement française tant que ses produits seront traités comme étrangers ; et la persistance dans ce système injuste est impossible, à moins qu'il n'y ait un parti bien pris d'empêcher la colonisation.

Certes, si les Anglais nous avaient tracé notre plan de conduite pour assurer l'avortement de notre entreprise, ils n'auraient pas pu mieux faire ! ! !

CHAPITRE DEUXIÈME.

Des idées des Arabes sur l'avenir.

SOMMAIRE.

Disposition générale des peuples souffrants à rechercher les prophéties. — Permanence de cette disposition chez les Arabes. — Incrédulité et répulsion, au sujet de la durée de notre domination. — Paroles prophétiques de Mahomet sur la venue d'un Messie ou Moule-Saâ. — Règne de la félicité, précédé de l'extermination des impies. — Prédictions de Ben-el-Benna. — Prédictions de Sidi Aïssa-el-Lagrouati. — Prédictions de Sidi-el-Akredar- el-Kreloufi. — JadjoudJaoumadJoudjah. — Venue de Sidna - Aïssa (Jésus - Christ). Fin du monde. — Conséquences de ces croyances. — Possibilité du refoulement des Arabes vers le désert. — Concordance des prophètes et des faits. — Autorité de ces prophéties même sur l'esprit des Arabes francisés. — Inquiétudes et démarches d'Abd-el-Kader à l'égard du Moule-Saâ. — Il envoie vérifier le signalement de Bou-Maza. — Perspective d'une grande insurrection en 1854.

En abordant cette grande question Algérienne, nous avions cru pouvoir nous circonscrire dans la sphère des intérêts matériels. Mais quand il s'agit d'un peuple fervent et croyant, les points de vue s'étendent et les horizons s'agrandissent inévitablement, et alors les explorations dépassent les prévisions.

Un des symptômes les plus significatifs d'une situation maladive chez un peuple est l'avidité avec laquelle il s'ingénie à pénétrer les secrets de l'avenir pour entrevoir le terme de ses souffrances. C'est ce qui explique comment, avec un sens religieux aussi oblitéré que nous

l'avons en France, avec des dispositions aussi sarcasti-
ques à l'égard de tout ce qui n'est pas positif, nous avons
pourtant vu surgir les prophéties de toutes parts depuis
bientôt deux ans, et la curiosité s'y précipiter avide-
ment.

Comment le peuple Arabe, si fatigué depuis des siècles
par les dominations étrangères, pourrait-il rester indifférent pour cette lueur d'avenir quelque trompeuse
qu'elle puisse être au milieu des obscurités du présent ?
Comment pourrait-il avoir foi dans la durée de notre
entreprise Africaine quand il nous voit entasser chez
nous débris sur débris, et repousser chaque jour ce que
nous avons acclamé la veille avec enthousiasme ? Comment pourrait - il nous croire prédestinés à diriger ses
progrès dans une vie plus heureuse, nous qu'il voit
fouler aux pieds les principes qui ont fondé notre gran-
deur passée, et rétrograder vers la barbarie. Ce senti-
ment de répulsion que notre domination lui inspire est
donc plus vif que celui qu'a excité toute autre domination. Aussi quelle que soit sa soumission apparente, il ne
croit pas à la durée de nos œuvres, et tous ses *Marabouts* (a) et tous ses *Thalebs* (b) travaillent activement à
l'entretenir dans cette incrédulité.

De nombreuses prophéties, dont quelques-unes sont
revêtues d'un caractère de haute autorité, lui ont annoncé
le commencement et la fin de notre courte apparition.
Il se nourrit de ses espérances de délivrance au travers
des nuages les plus sombres, dans une incrédulité que

(a) Un Marabout est un Saint ou un homme vivant dans la sainteté, et qui se consacre à l'éducation religieuse des enfants, ou à
l'explication des principes du Coran. On appelle aussi Marabout,
une petite chapelle construite sur la tombe d'un homme mort en
odeur de sainteté. Cette double signification du mot *marabout* pro-
vient de ce que ces lieux déjà sanctifiés sont recherchés comme
hermitage par ceux qui pendant leur vie travaillent à parvenir à la
sanctification.

(b) Un Thaleb est proprement un savant. Mais on est Thaleb
quand on est capable d'expliquer les versets du Coran.

justifie beaucoup trop notre attitude négative depuis
19 ans.

« La croyance la plus extraordinaire et la plus ré-
» pandue (*a*), celle qui a le plus d'influence sur l'avenir
» du peuple et sa manière d'être, est celle du Moule-
» Saâ, c'est-à-dire, le maître de l'heure, ou mieux,
» le dominateur du moment. Les Arabes vivent cons-
» tamment dominés par la crainte de l'arrivée d'un en-
» voyé du Ciel, désigné par eux sous le nom de Moule-Saâ
» qui doit renverser tout ce qui existe, jeter l'humanité
» dans d'horribles bouleversements, et établir pour
» quelque temps seulement une certaine félicité publi-
» que comme compensation à tous les désastres qu'il
» aura produits, à tous les flots de sang qu'il aura fait
» répandre. Cette idée effrayante est appuyée sur des
» prophéties non contestées; et tout Arabe, quelque
» soit le degré de ses lumières, y croit aussi sincèrement
» que le plus fervent catholique peut croire à tel point
» essentiel de son dogme, à la Trinité, par exemple. »

« Un homme viendra après moi, dit Mahommed
lui-même, dont les propres paroles ont été recueillies
par Sidi-el-Boukrari. Son nom sera semblable au mien ;
celui de son père semblable au nom de mon père, et le
nom de sa mère pareil à celui de la mienne. Il me res-
semblera par son caractère, mais non par les traits du
visage. Il remplira la terre de justice et d'équité. »

On comprend maintenant qu'une prophétie qui se
pare d'une telle origine soit l'objet d'une grande vénération de la part de tout bon Musulman. Aussi les commentateurs les plus accrédités l'ont tous adoptée comme
article de foi pour en faire découler les conséquences
les plus imposantes. Cette conformité de caractère avec
le prophète assigne au Moule-Saâ un rôle de conquêtes

(*a*) Extrait du capitaine Richard, chef du bureau Arabe d'Or-
léansville. (*Insurrection du Dahra*, 1845 et 1846).

et d'exterminations à l'égard des hommes qui par leur impiété ou incrédulité peuvent faire obstacle à l'établissement du règne de la justice et de l'équité. Un Musulman ne comprend pas autrement la cessation du mal, et notre domination ne peut être considérée à son point de vue que comme le règne de l'impiété.

Voici maintenant la venue de cet envoyé du Ciel, déterminée plus positivement quant au temps et aux lieux. Ecoutons Ben-el-Benna-el-Tlemceni :

« Dans la 70ᵐᵉ année du 13ᵐᵉ siècle de l'Hégire apparaîtra un homme nommé Mohammed Ben-Abd-Allah (c'est le nom du fondateur de l'Islam, associé selon la précédente prophétie à celui de son père.) Il aura avec lui 1600 tentes. Il entrera dans la ville de Maroc, puis dans celle de Fez. Il s'avancera ensuite sur Tlemcen, et ira jusqu'à Oran qu'il détruira. Delà il marchera sur le pays de la chaux, qui est Alger. Il campera pendant 4 mois dans la Mitidja. Il se dirigera sur Tunis, y restera 40 ans, et mourra. Il sera jeune et beau de figure, avec de petites lèvres fines, un nez légèrement retroussé, et un signe particulier au front, semblable à une lentille. »

Voici maintenant Sidi-Aïssa-el-Lagrouati :

« Publie, ô crieur, publie ce que j'ai vu hier en songe: La calamité qui viendra est un mal qui surpassera tous les maux imaginables. Les yeux n'ont rien vu de pareil. L'homme abandonnera son enfant. Il nous viendra un Bey soumis aux chrétiens. Son cœur sera dur. Il s'élèvera contre mon maître d'origine noble, dont le cœur est doux, qui est beau et prudent, et dont le commandement est juste..........

« Mais tranquillisez-vous. Ce qui est arrivé les a dispersés. Ils se sont réfugiés derrière l'Étang-Salé, et ensuite sur la cime du Kahar; leurs chrétiens ont quitté

Oran. Mon Sultan sera juste et équitable envers les Arabes soumis. Il sera le destructeur des traîtres, un glaive exterminateur pour eux.

Prédictions de Sidi-el-Akredar-el-Kreloufi :

« Il nous viendra un Scheriff descendant du prophète par Hassem fils d'Ali et de Fathima ; il s'élèvera derrière le fleuve et tuera les français avec les soldats du Dahra. »

Suspendons toute remarque sur la réalisation d'une partie de ces prophéties lors de la grande insurrection du Dahra, et analysons les autres révélations de Sidi-el-Akredar. Ces révélations sont remarquables par l'exposé détaillé des faits dont se compose l'histoire de notre conquête : Toute la France doit arriver successivement et par bataillons innombrables ; *car c'est un royaume bien puissant celui qui envoie tout cela.* Leurs vaisseaux couvriront la mer. Les montagnes et les villes se retréciront pour les fidèles. L'Islam sera vaincu partout, et n'aura plus pour refuge que la cité sainte de Kaïrouan. Les églises et les doctrines chrétiennes surgiront et se développeront de toutes parts. Les filles du pays seront toutes au pouvoir des Français. Mais quand le terme de ces cruelles épreuves sera arrivé, *le puissant de la Montagne d'Or* apparaîtra (Il est impossible d'entendre là, autre chose que le Moule-Saâ) pour faire table rase et réaliser la disparition du règne de l'iniquité par grandes exterminations ! Les différentes prédictions n'assignent de durée au règne de l'équité que 5 ou 7 ou 9 ans. Puis viendra un autre espèce de fléau qui dépassera tous ceux qui auront été déjà supportés.

Uu peuple innombrable de démons, enfermé par Sidna-Kornin dans une immense cachette entre deux montagnes de pierres, sous un couvercle d'airain, fera alors irruption. Ce peuple s'appelle *JadjoudJaoumadJoudjah.* Tous les fleuves auxquels ces démons voudront se

désaltérer seront par eux mis à sec en un clin d'œil.
Les fruits et les arbres qui les ont produits seront dé-
vorés en un seul instant, ainsi que toute végétation. Quand
cette nouvelle calamité aura épuisé les dernières forces
du peuple Arabe, arrivera pour le sauver, Sidna-Aïssa
(Jésus-Christ). Tous les *JadjoudJaoumadJoudjah* seront exterminés ; d'énormes oiseaux seront envoyés du
Ciel pour délivrer le sol de tous leurs corps putrifiés
et en disperser au loin les débris dans la mer. Les Arabes
jouiront bien peu de temps de la félicité sous le règne
de Sidna-Aïssa qui s'en ira mourir à la Mecque ; après
quoi . les hommes s'éteindront successivement sans se
reproduire , et le monde sera fini ! !

Quand on réfléchit sur l'état moral et politique d'un
peuple qui se nourrit de pareilles idées , depuis le plus
élevé sans en excepter Abd-el-Kader, jusqu'au plus petit
disciple d'une *Zaouïa*, (a) on est entraîné à conclure
que ce peuple, vieux et enfant tout à la fois, ne connaît
plus depuis long-temps que le désordre et les douleurs
qu'il produit , et qu'il ne pratique plus que la guerre
de tribu à tribu, de *douar* à *douar*. On gémit sur sa des-
tinée, on le regarde comme un peuple effarouché, et on
est certainement dans le vrai !

Mais alors si on considère que le gouvernement de la
nation victorieuse, laquelle s'adjuge sans façon le mo-
nopole du bon sens, a décidé, pour initier le peuple
vaincu à la civilisation et le réconcilier avec le destin ,
de lui envoyer pour 56 millions de francs de barrica-
deurs. . . . . N'est-on pas tenté de gémir bien plus
encore sur la condition présente du vainqueur ! !

Enfin , en quelque sens qu'on agite ou qu'on retourne
cette question de colonisation , nous n'hésitons pas ,
même au risque d'être taxé *de hardiesse*, à porter le défi

(a) Une Zaouïa est l'école d'enfants , dépendante d'un Marabout d'ajouter un troisième terme à l'alternative suivante : ou procéder au déblaiement complet du sol par voie de refoulement vers le désert dans lequel la race Arabe périrait infailliblement, ou l'améliorer par la propriété fixe qu'elle ne connaît pas, pour en tirer parti.

Le refoulement n'est pas impossible, pas plus que la chasse aux Indiens pratiquée par les Espagnols en Amérique avec des chiens dressés à dévorer les fuyards. Mais, ensuite, quelles ressources de main-d'œuvre trouveront les agriculteurs qui dans l'état actuel en sont éloignés précisément par l'insuffisance et la trop grande cherté de cette main-d'œuvre?

Fera-t-on venir des esclaves de Soudan ? . . . .

Mais alors que diront les avocats ou poëtes du gouvernement provisoire, ... et tous les Schœlchéristes? car évidemment c'est nous qui aurions joué le rôle de *Jadjoud-Joumad-Joudjah ! !*

Il serait plus curieux que véritablement utile de suivre tous les incidents de la grande insurrection du Dahra en 1845 et 1846, pour démontrer l'accord d'une grande partie des faits avec ces différentes prophéties. Il ne serait cependant pas indifférent de faire servir cette concordance à expliquer l'immense confiance des masses dans le dénouement espéré. Mais nous serions conduits trop loin. Nous laissons à d'autres le souci des compositions littéraires intéressantes, nous ne nous proposons que l'exposition d'une conviction consciencieuse et réfléchie sur l'un des plus graves sujets de préoccupation nationale.

Qu'il nous suffise de mettre sommairement en relief quelques-uns de ces faits confirmatifs et quelques-uns des faits contradicteurs, afin d'arriver à cette conclusion que si Bou-Maza le Scheriff du *Dahra* n'a pas réussi à justifier sa mission divine, ce n'est pas une raison pour croire les espérances des Arabes évanouies.

Bou-Maza était jeune effectivement, comme le dit la prophétie de Ben-el-Benna. Il n'a pas été bien difficile de le trouver beau, ainsi que ses lèvres fines, et son nez légèrement retroussé. Avec un peu de bonne volonté, on voit comme on doit voir. Il s'est levé derrière le fleuve du Chéliff. Il était complétement inconnu, et pouvait parfaitement se prétendre issu de Hassem cinquième Kaliff, fils d'Ali et de Fathma, fille elle-même de Mohammed. En outre, le Bey soumis aux chrétiens, dont parle avec douleur *Sidi-Aïssa-el-Lagrouati*, contre lequel Bou-Maza a lutté avec succès et dont il a pillé la Smala, est notre Kalifa de la Mina, Sidi-el-Aribi. Celui-ci a effectué sa retraite derrière l'Étang Salé des Acherma, puis dans la direction du Kahar, entre Oran et Arzew. Le Schériff Bou-Maza s'est étendu dans tout le pays que baigne le bas Cheliff. Les prophéties ont donc été presqu'entièrement confirmées.

Si l'on croyait qu'il pût y avoir beaucoup d'Arabes esprits forts, disposés à discuter les prophéties, on se tromperait beaucoup, ... pas même ceux en très-petit nombre qui nous sont dévoués sincèrement, et qui n'ont que la ressource d'étourdir leur conscience Musulmane, bien loin de braver ouvertement les menaces de l'avenir. Les Arabes voltairiens sont encore à découvrir !

Mais il y en avait un qui dominait déjà toute la génération Arabe comme un géant : cet homme immense qui allait disparaître par l'avènement du Moule-Saâ, puisqu'il n'était, lui, que le Moule-Draâ (le maître du bras, ou le chef de l'action purement humaine), le drapeau de la cause religieuse et Arabe, c'est Abd-el-Kader.

Abd-el-Kader fut consterné par la nouvelle de l'apparition du Schériff à la tête d'une puissante insurrection. Son parti et son autorité étaient menacés d'une éclipse complète. Il avait donc le plus grand intérêt à vérifier aussi minutieusement que possible les titres divins du Moule-Saâ.

Or, Abd-el-Kader incliné sur les livres saints découvrait que cet avènement n'était annoncé que pour la soixante - dixième année du treizième siècle de l'hégire (1854) et qu'il y avait par conséquent anticipation de neuf années.

Il pouvait bien admettre, il est vrai, une erreur des copistes qui ont transcrit les paroles des saints, mais non pas une erreur de la part des prophètes.

Mais un point important à l'égard duquel aucune incertitude ne pouvait exister pour lui, c'était le signalement établi par Sidi-Ben-el-Benna.

Le *Moule-Sad* devait avoir au front un signe inhérent à la peau, semblable à une lentille.

Abd-el-Kader s'informa de l'état du Dahra par l'entremise de Bel - Kobsili placé sur le théâtre même des événements. Instruit par cette voie de la confiance inspirée à la multitude par Bou-Maza, il dépêche deux Krouan (confrères de congrégation religieuse) sur le dévouement et la fidélité desquels il peut compter entièrement.

Ceux-ci se rendent dans la tribu des *Cheurfa* où campait le Schériff. Bou-Maza, sur la franche déclaration qu'ils firent du but de leur démarche, s'empressa de renverser son *Burnouss* avec bonne grâce pour faciliter l'examen attentif de son signalement qui fut vérifié et décrit minutieusement, pour être emporté immédiatement à marches forcées. Ce fut le terme des cruelles angoisses dont l'émir était tourmenté.

Ce signalement ne concordait pas parfaitement avec les paroles précises du Ben-el-Benna.

Il y avait bien au milieu du front un léger tatouage bleu en forme d'étoile, que les Arabes appellent *Ou-chem* ; mais, à la discordance des dates venait s'ajouter l'absence complet de la *Mara*, lentille sous la peau.

Ces deux circonstances lui semblaient fatales pour le Schériff. Quant à lui, il triomphait. Il avait à sa disposition la ressource de discréditer le faux *Moule-Sad*, il ne la négligea pas. De là, la haine manifestée par Bou-Maza dans ses offres de service au roi Louis-Philippe contre Abd-el-Kader ; puis sa fuite au Havre le 24 février 1848 pour aller rétablir son rôle de Schériff sur les ruines de la fortune de son rival enfermé depuis quelques jours au fort Lamalgue ! Mais, sans le tort que cette fatale rivalité a fait à la cause de l'indépendance Arabe, qui peut calculer comment les événements se seraient dessinés ! Il est vrai qu'alors le maréchal duc d'Isly était là, puis monseigneur le duc d'Aumale, avec tous nos plus brillants généraux Africains. Nous étions donc bien garantis contre les éventualités. Mais dans quatre ans, quand s'ouvrira la campagne de vengeance et d'expulsion, ajournée à la soixante-dixième année du treizième siècle de l'hégire ; quand le *Tsaïr, le puissant de la montagne d'Or*, fera retentir les vallées de l'Atlas et le Dahra du cri fatidique de *Macthoub* (c'est écrit ! Dieu le veut) ! Est-ce avec des colons de *barricades*, dont l'industrie est au service de toute insurrection, qu'on espère nous réconcilier l'Afrique ?...... Mais ne sait-on pas que ces hommes sont bien plus acharnés que les Arabes contre notre armée !... ... Est-on bien sûr que dans quatre ans Paris pourra se résigner au sacrifice du général Changarnier ? La perspective de ces quatre années révolues est déjà bien assez menaçante pour la France !

Il ne manque pas de gens en France tout disposés à juger des Arabes par les Parisiens de la rue Saint-Denis, et à se rassurer en disant : Prophétie!..... Facétie !. . . . . Nous ne savons si cette facilité à oublier et repousser toute inquiétude est un grand bien pour l'individu. On peut toute-fois assurer positivement que c'est une cause de périls pour les gouvernements et les nations. Mais nous prierons ces esprits si reposés , qui sont en trop grand nombre malheureusement, de reporter leurs souvenirs vers une époque séparée de nous par 10 et 11 siècles, à laquelle les Sarrasins baignaient les pieds de leurs chevaux dans le sang depuis Bagdad jusqu'aux confins du Mahgreb Africain, puis venaient soumettre et ravager l'Europe Occidentale depuis Gibraltar jusqu'à Poitiers ; et à notre tour, nous demanderons si alors ce cri de Macthoub était une facétie!

Les Sarrasins de l'Algérie attendent un chef qu'ils sont assurés d'avoir dans quatre ans, tout resplendissant du nom de Mohammed Ben-Abd-Allah. En présence de cette grande et sublime émotion d'un peuple fanatique qui attend, se figurer qu'il ne s'en présentera pas, serait folie. Ce qui pourrait nous arriver de plus heureux, serait qu'il vînt à en surgir trop.

Mais, pour Dieu ! avisons. . . . . avisons ! et si on recule devant le système de refoulement au désert, qu'on travaille activement à dénaturer leur caractère farouche en les fixant au sol comme propriétaires immuables. Si on connaît un meilleur moyen de déconcerter une grande insurrection certaine, qu'on le préfère donc !

CHAPITRE TROISIÈME.

Des Congrégations religieuses et diversion à notre profit, résultant de leurs dissidences.

Le nord de l'Afrique compte un très-grand nombre de confréries religieuses dont les Krouan ou affiliés sont liés entre eux par des rapports de prières et des actes de piété, mais dont la véritable action est mystérieuse sous la protection de la religion et du respect des populations. Ces Krouan, dépositaires des livres saints et de la tradition, commentateurs et propagateurs des prophéties sont en général entourés d'une grande vénération de la part des peuples, sous peine de châtiment instantané infligé par le saint qui les protége contre quiconque oserait leur causer un déplaisir. Celui-ci ne manquerait pas d'être frappé, soit dans sa famille, soit dans ses affections, soit dans sa personne. Ces saints affiliés de congrégation sont placés en dehors du monde auquel ils renoncent, et à une très-grande distance du mouvement des affaires du temps.

Quand la *djead* ou guerre sainte éclate contre les infidèles, ils n'y participent officiellement que par des prières et ne prennent jamais les armes, à la différence des Marabouts qui, quoique également voués à la prière et à la direction religieuse de la jeunesse, ne s'éloignent pas absolument des intérêts de la politique et surtout de la guerre sainte.

Chaque localité à un chef pour chaque congrégation, pour la centralisation des correspondances, pour la transmission du *dzeker* ou ensemble des paroles secrètes et sacrées qui doivent être prononcées sur le chapelet, lorsque le dzeker est renouvelé comme un mot d'ordre. Le chef qui est ainsi dans chaque localité le nœud de l'association est désigué par le mot de Mou-Kedam.

On comprend qu'une telle organisation, cimentée par le dévouement le plus fanatique, offre trop de ressources à la prédication de la *djead* pour qu'elle ait pu être négligée. Aussi, quels que soient le renoncement et l'abnégation de ces saints, leur action sourde a toujours été excessivement active contre nous, dans la perception et la transmission des dons volontaires pour le budget de la guerre sainte, dans les mouvements de propagande et de police au service de l'Emir.

Mais les luttes et rivalités de confréries à confréries ont fait élever et abaisser la puissance de plusieurs d'entre elles, en ont absorbé quelques-unes au profit de quelques autres, et la vue de leur ensemble ne fait plus ressortir aujourd'hui bien distinctement que deux grandes confréries. Celles qui restent dans l'ombre sont subordonnées ou noyées dans la sphère d'action des premières.

La première de ces deux congrégations de premier ordre, celle des Monle-Abd-el-Kader, a son siége à Alexandrie, règne en Egypte, à Tripoli, à Tunis, et s'affaiblit sur le territoire Algérien en proportion de l'éloignement du foyer et en s'avançant dans la direction du Maroc.

La deuxième, des Moule – Taïeb, a son siége au Maroc dans la petite ville d'Ouazan près de Fez. Elle est toute puissante au Maroc, et son influence, très-grande dans la partie Occidentale de l'Algérie, à Tlemcen, Mascara, Mostaganem et Oran, décroît aussi selon l'éloignement dans la direction de l'Est, et devient presqu'insignifiante dans la province de Constantine. El-Hadj-el-Arbi est le chef des Moule-Taïeb. Il réside à Ouazan.

Quand l'empire de la religion n'est pas suffisamment séparé de celui des intérêts de la politique, la première de ces deux puissances absorbe toujours la seconde. Mahomet les ayant réuni avec soin, cette absorption a eu lieu chez tous les peuples Musulmans. Aussi El-Hadj - el-Arbi est le véritable Souverain du Maroc, quoique Souverain anonyme. La petite ville d'Ouazan est la métropole pour les affaires des âmes que le Pontife dirige par des ressorts mystérieux, et en maître absolu. Et là, comme on le comprendra facilement, celui qui est maître des consciences est maître de toutes les volontés.

Ce Pontife a le don des miracles. Nous ne raconterons pas toutes les merveilles qu'en débitent les fidèles. Il suffira de citer, à titre d'échantillon, qu'il monte dans ses voyages une mule qui a servi à ses ancêtres ou prédécesseurs depuis plus de cent ans, et qui ne marque encore que quatre ans. C'est lui qui désigne le successeur à l'Empire et qui confère l'investiture au nouveau Sultan, lequel vient la solliciter et la recevoir à Ouazan.

Mais le pére d'Abd-el-Kader, El-Hadjï-Mahi-Eddin (*a*) était, près de Mascara, Mou-Kedam de la grande confrérie des Moule–Abd-el-Kader, dont le siége est à Alexandrie. C'est du nom de cette confrérie que son fils, qui y fut plus tard affilié, reçut le sien. Or ces deux confréries étaient ennemies. Le fils de Mahi-Eddin a donc rencontré des dispositions très-hostiles dans la puissance des Moule-Taïeb qui dominaient dans la province d'Oran. El-Hadjï-el-Arbi a toujours été à la tête de la guerre sourde contre laquelle l'Emir a eu à lutter. Il le représentait dans toutes ses correspondances destinées à ruiner son influence, comme capable seulement d'organiser un makhzen (*b*) et un goum (*c*), mais trop insuffisant pour résister aux Roumi (*d*) tant que l'heure marquée par les prophéties n'aurait pas sonné, ou à fonder quoique ce soit de durable.

Il y a évidemment une grande exagération dans l'expression de ce dénigrement inspiré par une jalousie de Moine. Quand on connaît le code appelé *Ouichahh-el-Kataib*, que l'Emir a pour ainsi dire improvisé pour l'organisation de son gouvernement, ses 8 règlements et ses 24 lois de justice, les villes fondées par lui et qu'il a fait surgir de terre en un moment, telles que : Tagdemts, Taza ; El-Saïda, Boghar, Eurib et Sebaou, on est alors moins disposé à faire si bon marché de l'en-

----

(*a*) Le titre de Hadji est un titre de saintcté que portent tous ceux qui ont fait le voyage de la Mecque. Abd-el-Kader et son père ont fait trois fois ce pélerinage.

(*b*) Makhzen veut dire une troupe organisée à la disposition de l'autorité.

(*c*) Goum, détachement d'éclaireurs ou de guides.

(*d*) Roumi (Romain), c'est le nom qui exprime l'ensemble des chrétiens ; et en Afrique, il désigne spécialement les Français.

nemi que M. le maréchal Bugeaud et nos généraux ont eu la gloire de vaincre. Il est vrai que El-Hadj El-Arbi n'est pas bien coupable de ne pas s'être montré plus soucieux de la gloire Française que de celle de son rival Abd-el-Kader. Toutefois, il a eu cependant sans le vouloir le mérite d'être par cette hostilité notre auxiliaire le plus efficace. Mais quand au jour fixé par l'attente de tout le peuple Arabe, toutes les influences religieuses viendront sans hésitation se grouper autour du *puissant de la montagne d'Or*, qu'on soit bien assuré que El-Hadjï-el-Arabi ne travaillera plus à notre profit !

Voilà la principale conclusion de ce chapitre !

CHAPITRE QUATRIÈME

Accaparement du Numéraire par les Arabes.
— Conclusion générale.

Nous terminerons par la citation d'un curieux travail publié par la *France algérienne* (1846) sur l'accaparement du numéraire par les Arabes.

Nous recommanderons au lecteur de peser attentivement les conséquences de cet accaparemont.

« A mesure que l'Etat, dit *la France algérienne*, les commerçants ou les industriels ont annuellement versé dans la colonie une certaine somme de valeurs-, il s'est trouvé là une population qui a su la faire tourner à son profit et se l'approprier. Véritable sangsue, la population musulmane a sans cesse absorbé, à l'aide de ses habitudes de jouissance exclusive, ce qui était destiné à préparer et à accélérer la marche du progrès colonial; nous voulons parler du numéraire.

» Tout le monde ici connaît trop bien le système des Arabes, qui gagnent pour amasser et entassent pour jouir à leur manière, sans que jamais le numéraire qu'ils possèdent ainsi soit remis en circulation; tout le monde, disons-nous, a trop bien su apprécier cette fatale manière d'agir pour que nous puissions croire utile d'insister davantage sur ce point. Bornons-nous donc à démontrer ceci par des chiffres que nous avons puisés à bonne source et que nous n'avons eu besoin que de coordonner pour mettre en lumière l'accaparement du numéraire par les Arabes, et par suite les efforts inouïs qu'a dû faire la colonies pour parvenir à l'état où elle se trouve aujourd'hui.

» D'un côté, les Arabes ont apporté, l'année dernière, sur le marché d'Alger ;

16,445 bœufs, à f. 65 suivant le prix courant de l'époque :
ci. . 1,068,925 f. »»

42,378 moutons à f. 35. 2,330,790 . »»

1,503 chevaux à f 300. 350,900. »»

747 mulets à f. 200. 149,400 »»

2,061 ânes, à f. 50. 103,050 . »»

127,192 volailles, à f. 1 50. 190,788. »»

5,050 hect. blé, à f. 24. 121,200. »»

2,475 — orge, à f. 15. 37,125 »»

3,206 charges de bois à
brûler. à f. 2. . 6,412 »»

26,655 charg. de charb.
de bois, à f. 3 50. 93,292 50

7,357 hect. huile à f. 100 735,700 »»

8,675 kil. miel, à f. 1 25 10,843 »»

5,140 — cire, à 80 c. 4,112 »»

40,622 — beurre, à f.
2 10 . . . . 85.306 20

149,016 kil. savon noir,
à 60 ci. 89,409 00

5400 kilog. tabacs, à f.
1 10 . . . . 56,540 »»

Le montant de leur vente
a donc été de. . . . . 5,433,792 30 : ci 5 433,793 f. 30 c

Qu'ont-ils *acheté* en retour ? Rien. Ils n'ont jamais besoin, on le sait, que d'objets de première nécessité, et ce sont précisément ceux-là qu'ils nous apportent ! preuve qu'il y a chez eux surabondance, preuve qu'ils ont *échangé* leurs produits non avec des *marchandises*, mais bien avec du *numé-raire*, qu'ils ont immédiatement emporté et enfoui bientôt après.

D'un autre côté, les Arabes tirent de leur

industrie ou de leur *savoir-faire*, des sommes bien autrement importantes. Ainsi les corporations indigènes des commissionnaires et porte-faix se composent, pour 1844, de :

5.569 Kabyles, gagnant, en moyenne, 5 fr. par jour, soit par an f. 1800 ; ci.......... 10,024,200 f.

  873 Biskris, *idem ;* ci... 1,571,400

1,838 Mozabites, *idem ;* ci. 3,308,400

  487 Nègres, *idem ;* ci.... 856,500

  375 Mzitas , *idem ;* ci... 674,000

  210 Lagrouats, *idem ;* ci. 378,000

9,352   16,812,500   16,812,500 f.   »» c.

De plus, il y a un nombre au moins égal d'ouvriers de diverses professions, d'employés ou de serviteurs auxquels on peut, en adoptant la proportion la plus basse, allouer, en moyenne, 2 fr. par jonr, c'est f. 720 par an pour chacun d'eux, soit en tout.......... 6,733,440   »»

Ce n'est pas tout : La débauche prélève aussi un impôt qui, quoiqu'il ait suivi une progression décroissante depuis la suppression du mezouar, n'en est pas moins encore assez considérable : 520 prostituées indigènes sont inscrites sur les registres de la police, et on peut évaluer les sommes annuellement perçues par elles à.......... 1,123,200   »»

Enfin, Alger compte dans son sein un assez grand nombre d'industriels et de propriétaires musulmans. Ici, nous ne pouvons nous appuyer sur des chiffres certains. Aussi, pour rester dons le vrai, et afin que l'on ne nous taxe pas d'exagération , évaluons au minimum les bénéfices qu'ils perçoivent annuellement ; poitons-les à la somme de........ 500.000   »»

La population arabe perçoit donc, chaque année, sur la circulation du numéraire à Alger.......... .... 30,602,933 f.   80 c.

» Resterait à examiner quelle est, sur une somme aussi importante, la quotité que laissent forcément les Arabes pour leur nourriture, leur logement ou leur entretien. Ici encore, notre calcul ne pourrait être basé sur des chiffres réellement exacts, puisque les éléments manquent et ne peuvent être appréciés que par la connaissance des mœurs et des habitudes des individus ; nous devons donc nous abstenir. Qu'il nous suffise de dire que cette population vit avec infiniment peu, et que, pour la plupart, ses membres couchent sur la dure. Quant à l'habillement, chacun sait quelle est l'exiguité de son importance et de quoi il se compose.

» Bien certainement il y aurait mauvaise foi à dire qu'il ne reste rien à Alger sur les 30,602,933 fr. 30 c. que prélèvent annuellement les Arabes sur la circulation du numéraire. Il reste quelque chose ; mais c'est bien peu, et la plus grande partie de ces millions est emportée dans la montagne, cachée à tous les yeux, et la terre est souvent le seul dépositaire de ces trésors.

» Et que nos lecteurs veuillent bien le remarquer, nous n'avons compris dans nos calculs que la ville d'Alger seulement. On peut juger par là de ce qui se passe dans l'intérieur de l'Algérie. » *(France algérienne.* (

La France algérienne en voulant éviter une exagération à l'égard du prélèvement par l'industrie indigène, est tombée dans une exagération toute opposée. Les bénéfices de la prostitution Mauresque figurent à l'avant-dernier chiffre de ce tableau pour 1,123,200 f. Dans l'impossibilité de la contrôler, nous laisserons cette évaluation telle qu'elle est. Mais à côté de cette malheureuse industrie, l'auteur n'évalue les profits de l'industrie honnête qu'à 500,000 fr. Eh bien ! pour admettre une évaluation si réduite, il faudrait n'avoir jamais vu les bazars d'Alger toujours remplis d'objets de cette industrie dont la fantaisie européenne est si avide, et qui sont toujours entourés d'acheteurs. Nous en appellerons au témoignage de tous les Européens qui ont visité Alger avant 1848, c'est-à-dire au temps où l'on achetait ; et sans crainte d'être démentis, nous n'hésitons pas à quintupler ce chiffre de 500,000 fr. Ainsi l'enfouissement ou la disparition du numéraire serait donc par an à peu près de 33 millions pour la province d'Alger seulement ; et cette absorption continuera à progresser avec les dépenses européennes. Mais en la supposant stationnaire, elle produirait pour chaque période de dix années une perte à peu près sèche de 330 millions.

Conclusion :

Les préjugés de religion et de race sont certainement pour beaucoup dans les causes de l'antagonisme que nous avons trouvé si vif chez les Arabes. Mais aussi on ne peut se refuser à reconnaître que l'espèce de chrétiens que nous leur avons présentée n'était pas très-propre à les at tire à notre civilisation.

La conséquence la plus claire de cet exposé est donc la nécessité d'améliorer les deux races. Alors les rapports s'adouciront tout naturellement. Alors les prophéties s'oublieront ; les congrégations religieuses deviendront impuissantes ; et le numéraire reparaîtra.

Alors, la France africaine existera.

FIN.